你喜歡現在的自己嗎？

不再懷疑自我、討好別人
終結內耗的心態養成練習

ありのままの
私を好きになる
366の質問

〈百萬粉絲療心作家〉
田口久人／著　卓惠娟／譯

【前言】發現自己已經夠好的對話練習

書寫，會為你帶來美好的影響。

即使只是單純記錄每天發生的好事、學到的新事物，也能增強你的自尊心。當沮喪時，閱讀曾寫過的內容能夠鼓舞自己；迷惘的時候，讀了過去所寫的內容也能得到指引方向。從前的你，能支持現在的你。

話雖這麼說，除非是很勤奮的人，否則可能光是記錄有哪些好事情發生都不容易持續。或許你也曾有過想要寫日記，卻中途放棄的經驗。

本書收錄的是一頁三個問題的練習單，不需要一口氣完成，每天只需回答三個問題也就足夠了。即使如此，考慮到可能有時你會不知如何回答這些問題，書中另外收錄了在超過六十萬追蹤的 Instagram 上、廣受好評的激勵短文，收到許多粉絲們的感想回饋——

「我會繼續努力、希望明天做得更好！謝謝你讓我從谷底中振作起來，讓我恢復活力！」

「因為沒自信一直很煩惱，這些話語深深觸動我的內心。讓我覺得現在的自己就很好了。」

「心情變得很輕鬆。感覺鬆了一口氣。」

本書的提問主題從容易回答的內容開始，如偏好、過去（曾發生過的事情）等，然後擴展到生活方式、交友關係、想做的事等各種主題。其中或許也有一些提問，讓你必須面對不安或難題，但基本上收錄的都是積極正面的提問。即使你認為倒楣到家的日子、發生預料之外最糟糕的日子，在回答這些積極提問之際，也只會思考樂觀積極的事情。

透過本書記錄種種想法之際，相信你會發現自己的美好、察覺想做的事、喜歡原原本本的自己，相信你的明天必定會變得更美好。

田口久人

「自我對話練習」的使用方式

依照提問順序寫下答案，但若始終想不出該怎麼回答時，不需要勉強，「現在沒辦法回答」，或許就是你現在的答案。

寫完三個提問的答案後，在「MEMO」欄寫下當下你在回答前面的各個問題時，也浮現腦海中的念頭，或是邊看寫下的內容，邊把當下的想法記錄下來。

這時候也可以問問自己：「這幾個回答內容，有沒有共通點？」「為什麼我會這麼回答呢？」不妨站在第三者的角度，分析自己寫下的內容，想一想「這個人究竟是什麼樣的人呢？」

寫完366個提問，可以試試看在間隔一個月甚至三個月後，再次回答這些問題。很可能相同的問題會有不同的答案。這時候請你想一想：「為什麼答案會改變？」「哪一個才比較接近真實的自己？」當然，也有可能答案和之前並沒有不同，這或許就是你真正的想法。此外，若是不同的問題、但寫了同樣的回答也OK，這可能是對你而言格外重要或特別印象深刻的感受、記憶或想法。

在寫下答案時，別忘了細細體會自己在回答當下時的心情。

Q 013

現在的生活中，令你感到滿意的事情？

例）健康、擁有可以努力的環境、三餐無虞

有非常熱中的興趣、身體健康

Q 014

現在想要感謝的事情？

例）沒什麼壓力、能夠平安過生活、有工作

擁有自由的時間

無法完整寫下來時，也可以隔一段時間後再寫。

Q 015

為了幸福地過一天，你會怎麼做？

例）保持健康、吃美味的食物、即使小事也心存感謝

善用早晨的時間　身體健康

回答內容和一開始的提問相同也沒關係。

MEMO

能平平安安地過日子，我很幸運。

健康最重要！

寫下回答時浮現的想法，或重看寫下的內容時的念頭。

目錄

第 1 章

關於自己本身

偏好．過去．重要的事．做自己．
強項．弱點．知識

Q 001

你常瀏覽的網站或常閱讀的雜誌？

例）「Google 新聞」、《大誌》、《ELLE》、《今周刊》

Q 002

你喜愛的衣服？

例）UNIQLO、寬褲、條紋上衣

Q 003

你喜歡的氣味？

例）炭、太陽曬過的衣服、洗髮精、喜歡的人

MEMO

preference

喜歡的事情

做喜歡的事能變得開心
做喜歡的事能溫柔待人
做喜歡的事能活出真我
即使做喜歡的事而被討厭
即使做喜歡的事而不被認同
即使做喜歡的事
有時會給別人添麻煩
也不需要在意
只要做喜歡的事
就能更喜歡自己

Q 004

令你感到平靜的事物？

例）毛巾被、溫柔、多年來珍惜的絨毛布偶

Q 005

你喜愛的聲音？

例）潺潺河水聲、清晨的鳥叫聲、寫字的聲音

Q 006

你喜歡的歌曲？

例）YOASOBI〈向夜晚奔去〉、五月天的歌曲、宮崎駿動畫的原聲帶

MEMO

preference

任何人
都有優點
一個一個去發現
自己的魅力
就能建立自信

Q 007

能夠療癒你的是？

例）小孩子、貓狗的影片、泡湯

Q 008

你喜歡的地方？

例）書店、海邊、阿嬤家、他的臂彎、迪士尼樂園、龍山寺

Q 009

你怎麼也戒不掉的事物？

例）社群媒體、外國影集、做與眾不同的事

MEMO

preference

因他人造成的傷害
由他人來治癒
是最好的

Q 010

經常搜尋的內容（主題）？

例）金錢、兼差斜槓、愛情、健康

Q 011

忍不住沉迷其中的事物？

例）連續劇、戀愛實境秀、DIY、咖啡店巡禮

Q 012

令你期待的事物？

例）連續劇的後續發展、孩子的成長、夢想的實現、能存下多少錢

MEMO

preference

對任何事
都能發現其中樂趣的人
會變得幸福

Q 013

現在的生活中，令你感到滿意的事情？

例）健康、擁有可以努力的環境、三餐無虞

Q 014

現在最感謝的是？

例）沒什麼壓力、有工作讓生活無虞

Q 015

為了度過幸福的一天，你會怎麼做？

例）保持健康、吃美味的食物、即使小事也心存感謝

MEMO

preference

幸運的人

不需要勉強
讓別人喜歡你
不受過去侷限
享受當下
即使對小事也能感到喜悅
不要忘記心懷感謝
不論發生任何事
都能樂觀看待並樂在其中
常保笑容
當你相信自己好運、運氣就會變好
同時也會吸引好運的人

Q 016

收到過讓你最開心的「禮物」是什麼？

例）小孩子寫給我的信、布偶、花束、掌機

Q 017

你曾遇到過最美好的「邂逅」？

例）父母、收養的流浪狗、社群媒體、籃球

Q 018

你覺得到目前為止，最「幸運」的是？

例）孩子出生的時候、同事們會互相協助、出生在和平的時代

MEMO

past

幸運的人
是因為他們
很擅長
發現好事

Q 019

你曾做過的最佳「當機立斷的選擇」是什麼？

例）辭掉之前的工作、和前任分手、離婚

Q 020

曾對你造成最大影響的事情？

例）創業、考試落榜、親人過世

Q 021

截至目前的人生中，遇過的最大挑戰？

例）創業、國外留學、創立同好俱樂部

MEMO

past

重要的
不是你做了什麼選擇
而是之後怎麼做

Q 022

現在回想起來可以一笑置之的失敗是？

例）用 LINE 告白、汲汲營營於賺錢、執著於衝高點閱率

Q 023

你在一年前煩惱的事情？

例）腳受傷、和下屬溝通不良、和同事合不來

Q 024

生命中所發生過最糟的事？

例）肩頸慢性疼痛、努力卻沒有得到認同、生日當天非常孤單

MEMO

past

改變看法

正因為痛苦、更要向前看
盡可能不要頻頻回顧
在悲傷時看看四周
想想那些支持自己的人
痛苦的時候仰望天空
相信還未看見的可能性
平順時看看腳邊
以免大意輕忽而摔倒
只需要改變看法
人生就會更美好

Q 025

你曾逃避的事情？

例）換工作、在目前的公司努力工作、考試、面對自我

Q 026

你曾經為了什麼樣的事情感到後悔？

例）變得焦躁、說了不該說的話、戀愛、結婚

Q 027

曾經為你帶來幸福的事情？

例）實現夢想、遇見一輩子的好朋友、成為國手

MEMO

past

那些感到
羞愧的過往
是已經成長的證據

Q 028

你最快樂的事情？

例）社團活動、國外旅行、遠距離戀愛

Q 029

你最感動的事情？

例）通過國家考試、生下第一個孩子、失智症的祖母還記得我

Q 030

由現在的你寫給過去的你一句話

例）不必焦慮、和那個人分手、有想做的事就很幸福

MEMO

past

感到痛苦而
百思不解時
只要隔一段時間
再次回顧
就會發現它的意義

Q 031

你覺得最美麗的事物？

例）小孩、櫻花、努力的身影、滿天的星星

Q 032

你感到活著有意義的時刻？

例）感動別人的時候、看到孩子成長的時候、參加偶像演唱會的時候

Q 033

能帶給你安心的事情是？

例）金錢、家人、健康、靜謐的時光

MEMO

與其盡力避免
給他人造成麻煩
和別人相互合作
而活著
人生會更美好

Q 034

你的朋友有哪些共通點？

例）認真、個性好、心胸寬大

Q 035

占據你內心最多的事物？

例）好奇心、不安或壓力、家人、做點心

Q 036

經常出現在腦海的話語？

例）希望得到認同、怎麼辦、照這麼下去沒問題嗎

MEMO

important things

如果覺得很焦慮
不要再去想
正在擔心什麼
或會發生什麼樣的麻煩
而是思考為了不再繼續焦慮
現在可以做些什麼

Q 037

希望能經常體會的感受？

例）感動、成就感、幸福

Q 038

什麼時刻讓你感受到生存的意義？

例）嘗試新事物的時刻、讓周遭的人開心的時候、想到好點子的時刻

Q 039

聽到什麼話會令你感到開心？

例）好厲害、真不愧是你、謝謝你

MEMO

important things

光靠自己一個人
要變得幸福
相當不容易
多數的希望
通常是由別人給予的

Q 040

感受到小確幸的時刻？

例） 在家放鬆的時候、睡著前覺得自己今天也很努力、看著孩子的睡臉時

Q 041

讓你露出笑容的來源？

例） 有人按讚、小孩子的笑臉、金錢

Q 042

從小就重視的事物？

例） 努力、己所不欲勿施於人、對要丟掉的物品心懷感謝、夢想、膚況

MEMO

important things

只要能心存感謝
任何一天
都能成為美好的日子

Q 043

你內心不容許的事情？

例）沒有深入思考、隨便馬虎、結帳時害排後面的人等太久

Q 044

你希望能一直相信的事情？

例）自己具有才能、自己的發展性、另一半

Q 045

過去一直很重視的事情？

例）持續不懈、坦率以對、重視健康

MEMO

不要總是選擇
走捷徑
偶爾繞一下遠路
學習的過程
能讓自己成長

Q 046

如果明天地球會滅亡，你要做什麼？

例）和家人在一起、向認識的人表達我的感謝、從高處往下眺望街景

Q 047

你想帶到另一個世界的東西？

例）記憶、同伴、寵物

Q 048

你的寶物是什麼？

例）書、孩子、經驗

MEMO

important things

想和這樣的人在一起

只是在一起
就能露出笑容
不必交談也能感到平靜
雖然價值觀不同
但能包容你
所有的優缺點
不論任何時候都能互相支持
尊重彼此的意見
能夠彼此重視
就是今後想共度未來的人

Q 049

你曾經是個什麼樣的孩子？

例）好強不認輸、膽小、非常怕生

Q 050

你曾經對什麼事情非常熱中？

例）電玩、社群媒體、養兒育女、工作

Q 051

你曾經想做什麼事情？

例）國外旅遊、嘗遍全國各地的美食、留學

MEMO

和過去的自己相比時
盡可能不要光想著
沒辦法做到的事
有些事
只有現在的你才能做得到

Q 052

其他人通常怎麼形容你這個人？

例）很特別、認真、有行動力、擅長聆聽

Q 053

身為女性（或男性）感到慶幸的事情？

例）女性：享受化妝的樂趣；男性：不必化妝真好

Q 054

說出能夠形容你的三個詞彙？

例）有毅力、正直、堅持

MEMO

personality

比起女（男）人味
活得像自己更重要
任何時候都能
相信你自己

Q 055

你認為什麼樣的人有魅力？

例）自在從容、能包容任何事、體貼他人

Q 056

你認為理想的女性（男性）是？

例）沉穩、經常面帶笑容、有主見不隨波逐流

Q 057

從對你有影響的人身上學到的事情？

例）總之就是走出去、擁有開闊的視野、任何事都能樂在其中

MEMO

personality

幸福是自己決定的

即使身旁有情人相伴
也未必幸福
即使結婚
也未必幸福
即使有小孩
也未必幸福
與他人一較長短
是釀成不幸的開端
只有你
能讓自己幸福

Q 058

能讓你做自己的地方？

例）IG、老家、喜愛的咖啡館、車上

Q 059

表現自我的最佳方法？

例）寫文章、工作、畫插畫

Q 060

你認為什麼才是「做自己」？

例）想出新點子的時候、誠實面對自己的心情

MEMO

捨棄某些事
不選擇某些事
就能開始活得
像你自己

Q 061

你曾得過的第一名？

例）國中的考試、成為心儀對象喜歡的人、業績

Q 062

其他人不喜歡、但你還是會率先去做的事？

例）努力、身先士卒、持續不懈

Q 063

你比討厭的人更傑出的地方？

例）思考新事物、能快刀斬亂麻、和後輩相處融洽

MEMO

strengths

成功是因為強項而誕生

不必過度在意弱點

Q 064

你能確實做到的事情？

例）寫部落格、料理、立刻睡著

Q 065

你能持之以恆的事情？

例）寫文章、閱讀、先吃蔬菜

Q 066

你能教別人的事情？

例）網路行銷、提高工作效率的技巧、省時料理

MEMO

努力之所以變成白費工夫
是因為無法持之以恆
只要持續
去做一件事
就能變成天才

Q 067

你能派得上用場的時刻？

例）提案時、拾獲東西物歸原主時、擔任志工時

Q 068

如何讓別人開心？

例）聆聽對方說話、說出對方的優點、逗別人笑、先讓自己開心

Q 069

現在正在努力的事情？

例）動畫製作、鍛鍊寫作能力、抽出自己的時間

MEMO

strengths

閃閃發光

為了別人而努力
使你容光煥發
當意識到自己
對別人有所幫助時
能更加光彩耀人
相信讚美的力量
我們能更加閃閃發光

Q 070

你應當捨棄的東西？

例）用不到的物品、執著、傲氣、總是羨慕他人的心理

Q 071

你還需要改進的地方？

例）關鍵時刻掉以輕心、邏輯性思考、表達能力、勤於打掃

Q 072

如果要改變形象，你想改變什麼地方？

例）更有同理心、更平易近人、什麼都嫌麻煩的心理、言行舉止

MEMO

逃避弱點而活
會變得痛苦
窩囊的自己
也是真正的自己

Q 073

若是可以稍微改變性格，你會改變哪個部分？

例）頑固、過度理性思考、漫無計畫

Q 074

想要「戒掉」的事情是什麼？

例）過度在意按讚數、為了其他事犧牲睡眠、沒有勤於打掃

Q 075

一直拖延沒去做的事情？

例）重訓、結婚、離婚、開發新客戶

MEMO

沒有意識到
自己的錯誤
才是最大的錯誤

Q 076

那些你不擅長相處的人對你的看法是？

例）草率、容易自以為是、麻煩

Q 077

即使認為「正確」也做不到的事情？

例）志工活動、冷靜下判斷、信任別人

Q 078

「雖然不擅長但正在考慮努力嘗試看看」的事情？

例）指導後進、excel、學英語

MEMO

weaknesses

討厭的人

承認自己就是
不喜歡那些討厭鬼
列出你覺得討厭的理由
冷靜思考
想一想他們的優點
包容並接納
若是能感謝他們
就能拋開討厭的情緒

Q 079

未如預期的事？

例）評價、戀愛、婚姻生活、子女教養、別人的心情

Q 080

過去的失敗有什麼共通點？

例）不經大腦地直接說出自己的想法、輕易對人下判斷、感情用事

Q 081

你想要努力的事情？

例）網路行銷、健康管理、料理

MEMO

weaknesses

你能做到的事

你能做到的事
或許周圍的人也做得到
你知道的事
或許周圍的人也知道
和你擁有相同價值觀
但全世界找不到任何一個人
擁有和你相同的經驗
你的所見所聞和感受
是獨一無二的資產
若是能應用在其他人身上
就有人因而得救

Q 082

若能理解的話，似乎很有幫助的知識？

例）經濟、知道自己什麼事情可以不必煩惱、社會福利制度、擅長撒嬌的方法

Q 083

如果有一個小時的時間演講，你會講什麼內容？

例）表達方法、職涯、重視自己的方法、如何治療恐慌症

Q 084

你尊敬的對象具有的特質？

例）編輯能力、簡報技巧、尊重與支持他人的能力

MEMO

knowledge

智慧

雖然學校
教我們知識
卻無法教授智慧
即使學歷順利地越來越高
依然有無法獲得的東西
有些人生智慧
唯有挑戰新事物
透過一次次的挫折
磨練的經驗中才能獲得

Q 085

還沒開始讀的書？

例）和投資有關的書、《原子習慣》（*Atomic Habits*）、有關食品添加物的書

Q 086

想要一再重讀的書籍？

例）《如何閱讀一本書》（*HOW TO READ A BOOK*）、田口久人的《明天一定會是好日子》

Q 087

你從書中學到的事情？

例）世界上還有太多不知道的事情、閱讀後採取什麼行動更重要

MEMO

knowledge

書

想要擴展視野就去書店吧
你將遇見過去未曾注意到的書
當有煩惱時就去書店吧
因為你會遇見當下所需要的書
想要沉靜下來時就到書店
因為當挑選書籍時你是一個人
書，能夠磨練你的心
書，讓你重新觀照自己
書，豐富你的人生

Q 088

過去曾考到過哪些很實用的證照或技術？

例）NLP、營養師、HTML

Q 089

今後想取得的證照或技術？

例）影片剪輯、提案能力、理財專員

Q 090

今後需要什麼樣的知識？

例）營養學、投資、市場行銷、育兒

MEMO

knowledge

比念書更重要的七件事

對某些事物感興趣時
坐而言不如起而行
即使遇到困境
也要相信自己並設法突破
顧慮對方的心情
知道他人的痛處
不要忘了體貼他人的心情
時而自我反省
面對自己
了解自己
感謝那些「理所當然」
帶著笑容生活
享受人生，活在當下

第 2 章

關於生活型態

健康 · 日常 · 工作 · 金錢

交友關係 · 家人 · 伴侶

Q 091

身體狀況不錯的那天，你覺得？

例）從容有餘裕、一天都很快樂、容易有積極的心態

Q 092

身體不舒服時，你覺得？

例）心情變得很差、無法專心、煩躁

Q 093

身體不舒服的前兆？

例）喉嚨不舒服、嘴巴附近長痘痘

MEMO

health

生病會告訴我們對自己而言什麼才是最重要的

Q 094

變胖的最主要因素？

例）吃飽後就睡覺、吃太多甜食、冬天沒運動

Q 095

你認為自己理想的體重是？

例）60 公斤

Q 096

怎麼維持理想體重？

例）每天早上量體重、晚餐吃少一點、每天走 8000 步以上

MEMO

health

開始變胖的前兆

雖然體重沒增加
但衣服變緊了
鞋跟磨損速度變快
空腹時間少了
嘴巴附近長痘痘
容易咬到臉頰內側的肉
在毫無障礙物的地方絆倒
爬樓梯常覺得很喘
如果覺得身體有沉重感
就是開始變胖
必須重新檢視生活的時候

Q 097

冰箱裡固定會有的食物？

例）蛋、香蕉、亞麻仁油

Q 098

認為「有益健康」會吃的食物？

例）無糖豆漿、洋蔥、高麗菜

Q 099

雖然很健康卻不敢吃的食物？

例）蕃茄、綠花椰菜、菇類

MEMO

比起成功
或是賺錢
保持身體健康而
延年益壽
才是最好的選擇

Q 100

至少要睡幾個小時才覺得充分得到休息？

例）6 小時

Q 101

當真的感到疲倦時，需要睡幾小時才覺得足夠？

例）8 小時

Q 102

你理想的睡眠時間是？

例）8 小時

MEMO

health

每天早上
在固定的時間起床
自然容易養成
規律的生活步調

Q 103

你發洩壓力的方法？

例）運動、享用美食、唱歌

Q 104

正在實踐的養生法？

例）一天喝 2 公升的水、攝取益生菌、喝溫開水

Q 105

若是要更健康，你應該？

例）睡眠充足、睡前不要看電視、肌力訓練、跑步

MEMO

health

容易疲勞心累的人

總是只看見做不到的事
批判自己的錯誤
總是被時間追著跑
處於緊張狀態
因為覺得對不起別人
所以放棄想做的事
因為缺乏自信
所以保持沉默
即使內心認為那是錯的
什麼都做不成
疲倦是因為和別人比較
打算忍耐的關係
你只需要更加重視
自己的心情就對了

Q 106

家裡或房間有什麼樣的堅持？

例）不堆放雜物、只擁有最低限度的衣服、不能缺備用品

Q 107

你在房間做最多的事情？

例）看書、看劇、睡覺

Q 108

你在家最放鬆的地方？

例）浴室、廁所、自己的房間

MEMO

daily life

看得到的東西

忍耐會顯現在身體上
心裡的紛亂會顯現在房間上
寂寞會顯現在飲食上
本性會在非常時刻展現
選擇會體現在人生中
那些肉眼看不見的
會透過肉眼看得到的東西
提醒我們發現
趁為時尚早之際
及早覺察

Q 109

早上起來做的第一件事？

例）刷牙、打開窗簾、洗臉

Q 110

能夠享受上學、上班（通勤時間）的方法？

例）看雜誌、頭皮按摩、睡覺

Q 111

你睡前做的事情？（一天結束前會做什麼事？）

例）做伸展、深呼吸、想想幸福的事、感謝自己的身體

MEMO

daily life

剛剛好就好

不要太忙碌
也不要太空閒
不要過度親密
也不要過度疏離
不要給予過多
也不要索求過多
不要過度自我懷疑
也不要過度自信
適度是最好的

Q 112

平日感到幸福的時刻？

例）邊看喜歡的節目邊吃飯、一口氣追完劇、看到孩子笑臉

Q 113

你所重視的時間？

例）一個人獨處的時間、散步、閱讀的時間

Q 114

一天之中最放鬆的時刻？

例）洗澡、喝熱水的時候、早上安靜的時間

MEMO

不重視今天的人沒有明天

Q 115

你認為理想的假日該如何度過？

例）運動並享用喜愛的食物及好好睡一覺、和重要的人一起、做讓心情興奮的事

Q 116

如果一天變成只有十二小時，你會戒掉哪些習慣？

例）逛社群媒體、老是在意那些討厭的人、看電視、睡回籠覺

Q 117

如果一天變成四十八小時，你會做哪些事情？

例）寫部落格、一口氣把劇追完、盡情睡到飽、讀書

MEMO

穿上好看的衣服
欣賞美好的事物
結識善良的人
聆聽動人的故事
做好事
就能擁有美好的一天

Q 118

一天當中最喜歡的時光？

例）早上、享用甜食的時候、運動流汗的時候

Q 119

能夠讓你恢復活力、充滿能量的地方？

例）健身房、IG、美容院、海邊

Q 120

生活中絕對不能欠缺的事物？

例）健康、每天的樂趣、勇氣、睡眠

MEMO

享受人生
必要的是
一個人獨處的時間
能促膝談心的朋友
及一顆感謝的心

Q 121

應該從你的生活排除掉的事物？

例）執念、羨慕別人、做超出能力範圍的事

Q 122

如果只能改掉一個壞習慣，會選擇改掉哪個？

例）頻繁地逛社群媒體、衝動回應、嫌麻煩而整天窩在家

Q 123

如果持續目前的生活，你的未來會變怎麼樣？

例）後悔沒結婚、健康會亮紅燈、能過得很幸福

MEMO

daily life

養成習慣的七件事

不需要等黃道吉日才開始
想到就先試試看
與其只是一時興起
更重要的是有計畫地執行
與其從大事開始
不如從小事做起
與其一股作氣完成
不如循序漸進去做
不固守以往的方法
而是持續改善
不光只依賴幹勁
而是持之以恆
與其痛苦地不得不做
不如樂在其中地做
更容易養成習慣

Q 124

你一直持續在做的事情？

例）經營 IG、打網球、吃納豆

Q 125

你今後也想持續去做的事？

例）社群媒體的更新、跑步、打掃、復健、減肥、看護的工作、登山

Q 126

如果要做和平時不一樣的事情，你會做什麼？

例）外出走走、去高級的店、聯絡久未聯繫的人

MEMO

歸屬感
不是靠努力尋找就找得到
而是靠自己去創造

Q 127

為了成為理想中的自己，應該過什麼樣的生活？

例）有效率地完成工作，充實個人生活、從現在起積極決定要做的事

Q 128

如何讓一整天保持興奮期待？

例）決定當天要做的事、看喜愛的動畫、早上享用美食

Q 129

每天該怎麼生活才好呢？

例）不慌慌張張、不把時間浪費在無謂的事情上、經常說「謝謝」

MEMO

daily life

明天一定會是美好的一天

有些日子你會慌慌張張焦躁不安
甚至會遷怒他人
有些日子你覺得不被任何人需要
因此而自責
有些日子不論你多努力想保持笑容
卻整天泫然欲泣
有些日子你擔心被討厭
因而活得不像自己
每一天都是無可取代的一天
每一個今天都銜接著明天
即使現在不這麼認為
原本把平安無事的一天視為理所當然
當你意識到每一天的珍貴時
明天就一定會是美好的一天

Q 130

過去最努力的工作？

例）幼稚園老師、新人教學、店長、家庭主婦、更新 FB（IG）

Q 131

工作中最成功的部分？

例）能夠持續相同的工作、從打工人員升到副店長、與相遇的人建立深厚感情

Q 132

工作上「最大的失敗」？

例）沒有分散收入來源、沒有使用筆名、弄錯客戶的名字

MEMO

痛苦的前方
永遠有最美好的感動
等著迎接你

Q 133

你欣賞的上司（前輩）是什麼樣的人？

例）可以暢所欲言、很相信我、願意交付我重要任務

Q 134

你認為怎樣才是一間好公司？

例）允許員工自由發揮個人風格、能夠安心、高薪、同事關係良好

Q 135

何時會讓你有工作成就感？

例）做前所未有的嘗試、能讓客戶滿意的時候、克服困難的時候

MEMO

work

想一起工作的人

能積極投入工作
保持恰當的距離感
容易攀談
樂意傾聽
能立刻認錯
願意讚美
任何人失敗都不譴責
而是一起尋找解決方法
能貼近對方的感受
率先採取行動
彼此的配合度高
發自內心樂在工作
才是讓人想一起工作的對象

Q 136

你從現在的工作學會了什麼？

例）時間管理、不屈不撓、無視某些事的能力

Q 137

你覺得目前的工作與想像中最大的落差是？

例）過度瑣碎、規矩很嚴格、女性很少、意外地能賺很多錢

Q 138

你在目前的工作（公司）的角色？

例）企畫、管理、協調

MEMO

work

與其武斷地認定
是自己的錯
或他人的錯
不如假設
不是任何人有錯

Q 139

你喜歡目前工作的什麼地方？

例）可以早早下班、很少加班、可以在家上班、自主性很高

Q 140

你對目前工作的不滿？

例）工作量過大、同事們都很被動、就算努力也不會獲得肯定

Q 141

目前的工作能獲得什麼？

例）錢、安心、自由的時間

MEMO

重要的不是成果
而是有沒有盡全力
有沒有誠實的
面對自己

Q 142

如果辭去目前的工作，從事其他工作的話會怎麼樣？

例）有所成長、心情變輕鬆、轉換心情而更加努力、後悔

Q 143

怎麼做才能成為公司內不可或缺的人？

例）很會帶人、開發暢銷商品、很會抓客戶心理

Q 144

繼續目前工作的話，十年後會怎麼樣？

例）賺到還不錯的收入、後悔一輩子

MEMO

work

想像十年後的自己
是否感到興奮期待
如果不是
就改變自己的行動

Q 145

如果有機會重啟人生，你會從事什麼樣的工作？

例）媒體經營、YouTuber、目前的工作（護理師）、料理研究家

Q 146

即使花錢也想從事的工作？

例）電視新聞主播、上電視、演藝人員

Q 147

迄今為止的工作中，有什麼是從未嘗試過的？

例）指導後進、製作提案企畫、M&A（併購）、市場行銷

MEMO

work

不勉強尋找

如果在意周圍的眼光
急於去做什麼事情
逼迫自己思考真正想做什麼
會非常痛苦
如果只是想找事情做
隨便找都有
有時停下腳步的時間也很重要
有些怎麼想都想不通的事
有時假以時日就明白了
什麼都不做也是可以的
不必勉強自己去找

Q 148

你現在是為了什麼而工作？

例）為了生存、為了讓別人開心、為了成長

Q 149

你認為工作時很重要的事情是？

例）信賴、同理心、不要認為工作是一切、不要一個人承擔

Q 150

對你而言，工作是？

例）能夠帶來快樂的事情、賺錢的手段、讓自己成長的事情

MEMO

work

最重要的
不在於工作了多久
而在於
是否做了有價值的工作

Q 151

你對於金錢的印象？

例）方便的東西、不可欠缺的

Q 152

以往你都把錢花在哪些事物上？

例）書、偶像的週邊商品、吃

Q 153

花最多錢的項目？

例）個人健身教練、電腦、國外旅遊、外食

MEMO

money

一旦考慮得失
就會變得貧乏
有些事物
不是金錢可以買到的

Q 154

現在的收入換算成時薪是多少？

例）200 元

Q 155

你生活的最低月收需要多少？

例）2 萬 8 千元

Q 156

你需要多少年收入才能感到安心？

例）年收 200 萬以上

MEMO

不貪求
超出所需的金錢
幸運會降臨在
謙虛的人身上
而災難則會降臨在
貪婪的人身上

Q 157

更想放手一搏地把錢花在哪些地方？

例）當季水果、健康器材、住家翻修、對自己的投資、孝敬父母

Q 158

沒有必要花錢的事物？

例）電費、吃到飽、為了虛榮心、請客

Q 159

如果要增加兩倍收入，該怎麼做？

例）出書、成立網站、兼職、買彩券

MEMO

對於一個
吝於投資自己的人
也沒有人會為了他
浪費時間和金錢

Q 160

如果依現況繼續活到退休（65 歲），你會剩多少錢？

例）400 萬元以上

Q 161

退休後你需要多少錢？

例）至少 1000 萬元（必要月收 2 萬 8 千 ×12 個月 ×30 年）

Q 162

需要以錢解決的事情是什麼？

例）退休後的不安、有效運用時間、疲倦時的外食、壓力

MEMO

能用錢解決的事
就用錢解決
過於擔心損失
反而會帶來更大的損失

Q 163

花得有價值的消費？

例）換了新的省電電器、上心理學的付費課程變得圓融了

Q 164

覺得「白白浪費錢」的事情？

例）網購的衣服尺寸不合、因為特價買了過多的清潔劑

Q 165

對你而言金錢是什麼？

例）帶來幸福的東西、帶來安心的東西、使人誤入旁門左道的東西

MEMO

money

購物的七個守則

沒有任何事物能完全滿足心靈
所以不要追求奢華
因為追求奢華永無止境
所以要思考自己真正需要的是什麼
不要買大同小異的物品
或是有一天可能會派上用場的物品
只要心生猶豫
就不需要購買
如果猶豫著不知該買哪一個
就選擇價值高的那個
思考是否能使用很久
盡量不要浪費
知足
就能發現你真正需要的東西

Q 166

你有幾位好友？

例）三位

Q 167

你覺得需要多少好友？

例）兩位左右

Q 168

你從好友身上學到了什麼？

例）保持適當距離、連自己也不知道的一面、不要只顧著談自己的事

MEMO

friendships

相遇

遇見
有時也會讓人受傷
遇見
有時會讓你感到獲得救贖
有時不過是偶然的相遇
卻改變你的人生
如果擅自築起一道牆
會讓相遇的機會溜走
如果能敞開內心
相遇的機會就能翩然到來
即使受傷了仍然相信
別害怕去追求你的渴望
救贖都是從相遇開始

Q 169

和誰一起用餐讓你覺得最美味？

例）家人、男朋友、某位好友

Q 170

和誰在一起時最坦率自在？

例）家人、某位朋友、小學時認識至今的友人

Q 171

你想要對什麼人表達你的感謝？

例）父母親、恩師、過世的奶奶

MEMO

如果
與並不怎麼喜歡的人
在一起
只會帶來更多壓力

Q 172

發生值得高興的事，會第一個告訴誰？

例）家人、情人、某位朋友

Q 173

當你聽到「那個人」，你會想到誰？

例）對自己很嚴厲的人、前男友、絕不原諒的人

Q 174

已經見不到、但很想見的人？

例）爺爺、丈夫、初戀對象

MEMO

friendships

討人厭的人和受歡迎的人之間的差異

平時喜歡說些不該說的
在必要的時候
卻又緘口不語
這樣的人容易被討厭
平時能按捺那些不該說的
在必要的時候
適度表達的人
容易受歡迎

Q 175

如果能回到過去，你會向誰道歉？

例）某個朋友、兒子、母親

Q 176

現在的你，想對已故之人說什麼？

例）沒過看你生氣真的好厲害、我過得很好喲、謝謝

Q 177

想對誰說「認識你真好」？

例）家人、小學四年級時的導師、合作社的店員

MEMO

friendships

離別

思念愈強烈
離別愈難熬
逝去的人已經不再感到任何痛苦了
所以不要悲傷
不要再想「悔不當初」
而責備自己
如果還是很傷心
盡情地大哭一場
然後開始努力去過幸福的生活

Q 178

誰是你「久違想再見一面」的人？

例）某個朋友、堂（表）兄弟姊妹、學生

Q 179

誰是最認同你的人？

例）家人、某個朋友、公司主管、顧客

Q 180

你最認同的人是誰？

例）家人、某個朋友、好友、競爭對手

MEMO

friendships

重要的人離開你時
是重新檢視自己的警訊

Q 181

你的競爭對手是誰？

例）某個人、昨天的自己、不存在

Q 182

誰是顛覆你價值觀的人？

例）某個朋友、大谷翔平、現在的主管

Q 183

誰擁有你想要的東西？

例）某個友人、有自信的人、某個網紅、小孩

MEMO

對或不對
因立場而轉變
有些事可能雙方都是對的
如果認為自己才是對的
就會產生爭端

Q 184

希望從什麼人那裡得到建議？

例）優秀的企業夥伴、好友、父母

Q 185

誰是你任何事都可商量的對象？

例）家人、媽媽、好友

Q 186

如果有可以幫助你的人，那會是誰？

例）理解我工作的人、心胸寬大的人、懷有服務精神的人

MEMO

friendships

交往的人

不在意你的人
比討厭你的人更多
喜歡你的人
可能只有極少數
相較於與誰來往
更重要的是
不和誰來往
對你而言重要的人
必須珍惜他們

Q 187

身邊的人給了你什麼？

例）課題、機會、幹勁

Q 188

為了維持交友關係，你應該注意的事情？

例）不懷疑、信任、不強迫別人接受自己喜歡的東西

Q 189

可以交往一輩子的人，條件是什麼？

例）能做理所當然的事、不說謊、笑口常開

MEMO

friendships

不強加個人意見

對你而言
看起來還輕鬆的事
對當事人來說
或許已經是極限
有些人明明內心感到洩氣
卻無法訴說
因而痛苦萬分
話說出口前
先學會聆聽
而不是強迫對方接受自己的想法

Q 190

如果能多認識一個人，你希望是什麼樣的人？

例）對影片了解得很深入、能信賴的個人健身教練、好醫生

Q 191

讓你最自豪的人？

例）爺爺、兒子、養育了四個孩子的父母親、信任的主治醫師

Q 192

你認為人際關係中，最重要的是什麼？

例）理解對方、信任、不要忍耐

MEMO

friendships

人際關係的六個守則

不必勉強結交朋友也沒關係
被別人討厭也沒關係
不必忍耐也沒關係
如果對方並不重視你
現在就遠離他
不要試圖去迎合
話不投機的人
不是一視同仁地
對待每一個人
如果太使你心煩就立刻去睡
讓自己不要再回想

Q 193

你認為朋友是？

例）與人數多少無關、一起開開心心的人、沒有也無所謂

Q 194

直到目前為止最應該感謝的人？

例）父母、學校老師、以前公司的主管

Q 195

今後想要一直在一起的人？

例）家人、小孩、另一半、某個朋友

MEMO

friendships

謝謝你

即使不說出口
就算不知如何表達
不會有任何麻煩
再怎麼忙
任何時候都能說出口
即使覺得難為情
但對方會感到喜悅
記得任何時候
都不要忘記說「謝謝你」

Q 196

請說出所有家人的年齡？

例）父親 62 歲、母親 61 歲、哥哥 33 歲、我 30 歲

Q 197

感情最好的家人？

例）媽媽、哥哥、寵物

Q 198

你帶給家人的是什麼？

例）活力、情感、三餐

MEMO

family

沒問題

擔心上了年紀
體力漸漸衰退
有沒有錢
擔心的事沒完沒了
今後會怎麼樣
即使沒有答案
對未來感到煩惱
只要有互相扶持的家人
一定沒問題

Q 199

家裡發生過的三大頭條新聞？

例）祖母過世、大學入學考試、出車禍

Q 200

家人之間最熱烈的話題？

例）健康、往事、接下來要吃什麼、孩子小時候的事情、一天發生什麼

Q 201

你認為理想的家庭是？

例）彼此支持、可以毫無顧忌地無所不談、開心聊些無關緊要的對話

MEMO

小孩子總是喜歡
一直問問題
不是因為
有很多想知道的事
而是聽見媽媽的聲音
能夠感到安心

Q 202

到目前為止有關父母印象最深的回憶？

例）海水浴場、結婚典禮、祖母的葬禮、考上大學為我開心、媽媽的便當

Q 203

從父母身上學到的事情？

例）跳脫現在所在的世界、和各種不同的人相遇、不在兒女面前吵架

Q 204

你的父母是什麼樣的性格？

例）認真、不浪費任何不必要的東西、不拘小節

MEMO

family

母親

總是比家人晚睡
總是比家人早起
為我們做飯
總是有點嘮叨
其實是為我們擔心
無論怎麼忙碌
總是不會露出疲憊的表情
不口出惡言
無論到了幾歲
回想起來的都是笑臉
一年365天都把家人看得比自己重要
無論什麼時候都支持我
一直在我身邊
能令我安心的就是媽媽

Q 205

父母常掛在嘴邊的話？

例）要把門窗關好、上完廁所要洗手、吃飯要細嚼慢嚥

Q 206

父母厲害的地方？

例）任何情況下都很樂觀、不發牢騷、教育子女

Q 207

父母的目標或夢想？

例）醫生、研究人員、年收百萬

MEMO

family

分別的時候
忍耐住寂寞
是身為父母的角色
看著前方邁出腳步
是身為兒女的角色

Q 208

喜歡父母哪一點？

例）認真、金錢管理得當、很支持我

Q 209

父親節、母親節時曾送給爸媽的禮物？

例）床墊、包包、鞋子、襯衫、花

Q 210

對於父母有什麼想法？

例）希望他們長壽、謝謝他們生下我、希望讓他們更自由自在

MEMO

family

分別

因為分別
才知道存在的分量
因為分別
才知道曾經多麼依賴
因為分別
才知道自己的不成熟
不論在一起生活的時間多麼長久
分別的時刻總猝不及防來臨
為了避免後悔莫及
珍惜現在能在一起的時候
要把想法告訴對方
感謝
其實並非理所當然的每一天

Q 211

你和父母的哪些地方相似？

例）認真的地方、臉、思考方式

Q 212

如果你有小孩，會想要怎麼教育他們？

例）自由地成長、好好與人打招呼、給人晴空般感受的孩子

Q 213

對你而言，家庭是？

例）能對他們說真心話的人、能給我安心感、回家的地方、無法選擇的社會、最親近的他人

MEMO

family

好的家庭
能帶給我們安心
好的工作
能帶給我們成長
好的伴侶
能帶給我們生存的喜悅

Q 214

戀愛的好處？

例）能忘記討厭的事、每天變得很開心、皮膚變好

Q 215

因為戀愛而煩惱的事？

例）無法持續互傳訊息、喜歡的人沒有注意到我、要不要向對方告白

Q 216

從戀愛中學到的事情？

例）不能急躁、時機很重要、保持適度距離、不要把理想強加在對方身上

MEMO

partners

真正的愛情

不是為了要排遣寂寞
才去談戀愛
而是自然而然發生的情感
真正的愛情
不會傷害任何人
還能讓周圍的人
感受到溫暖

Q 217

過去的交往對象有什麼共同點？

例）認真、雙眼皮、經常笑

Q 218

直到現在為止，你帶給戀人的是什麼？

例）安心、愉快、未知的事

Q 219

如果和你交往，會有什麼好處？

例）能產生刺激、不束縛對方、能成為一個談話的對象

MEMO

partners

單身者的特徵

喜歡和朋友在一起玩樂
對旁人的戀愛不太感興趣
就算沒有戀人也不覺得孤單
比起和他人在一起
更享受獨處
不在乎別人對自己的看法
不在意外表
需要撒嬌時卻經常做不到
總是告訴自己沒關係
只要有一天遇見對的人就好
因為重視與人的際遇
才能遇見命中注定的人
如果不主動去與人相遇
一切都不會開始

Q 220

打算結婚的年齡？（或幾歲時結婚？）

例）40 歲以前

Q 221

怎麼做才能遇見你的伴侶？（你是怎麼認識現在的伴侶？）

例）交友 APP、朋友介紹、社群媒體

Q 222

你希望從婚姻中得到什麼？（你從婚姻中獲得什麼？）

例）安心、一個人無法得到的喜悅、孩子

MEMO

比起幾歲以前結婚
更重要的是
和什麼樣的人結婚
沒有必要勉強自己結婚
而是為了幸福而結婚

Q 223

希望未來的伴侶給你的第一印象？（對另一半的第一印象？）

例）開朗、清爽俐落、有工作熱忱

Q 224

你希望另一半有什麼優點？（你喜歡另一半什麼地方？）

例）擅長理財、不過度干涉、對於運用時間的想法相同、能說出感謝的心情

Q 225

你不希望另一半有什麼缺點？（你討厭另一半什麼地方？）

例）揮霍、不道歉、說謊、自我中心、不聽我說話

MEMO

partners

結婚的條件

個性不合也沒關係
只要不會感到壓力
沒有共同興趣也沒關係
只要能夠互相尊重
吵架也沒關係
只要能夠好好溝通
沒有戀愛的感覺也沒關係
只要能夠關心對方
沒有錢也沒關係
重要的是有謀生能力
結婚後等著你的
是現實的生活
婚姻生活是好是壞
全靠兩個人的努力

Q 226

會讓你結婚的關鍵？（你結婚的理由？）

例）安心、金錢觀是否相符、生活會不會改變

Q 227

求婚時會說什麼？（求婚時說了什麼？）

例）請跟我結婚、我會一輩子重視你、今後也一直在我身邊

Q 228

如果分手的話，原因是？（之前的分手的原因？）

例）跟不上自己的步調、金錢觀不同、溝通不足

MEMO

partners

決定結婚的八個原因

結婚的適齡期應當自己決定、
不過度堅持理想條件
只考慮不能妥協的條件
今後能夠維生嗎
看清楚使用金錢的方式
能否以真實的自我和對方溝通
不要過度迎合對方
而迷失了自我
即使是難以啟齒的話題
也要看著對方好好說清楚
不要拘泥瑣碎的差異
也要學會妥協與讓步
因為煩惱也沒用
最後
請信任自己的直覺

Q 229

結婚後可能會改變的事？（婚後改變的事情？）

例）對另一半的感覺、運用時間的方式、養成規律的生活、減少外食

Q 230

婚後可能也不會改變的事？（婚後沒變的事情？）

例）體貼的部分、金錢觀、自己的個性

Q 231

所謂的理想夫妻？

例）互相尊重、說出感謝的心情、不過度干涉

MEMO

partners

比起一個人

比起獨自一個人
兩個人時更輕鬆愉悅
比起獨自一個人
兩個人在一起時更堅強
比起獨自一個人
更喜歡兩個人在一起時的自己
和對方在一起
你將能一直感受到幸福的存在

第 3 章

關於未來

關心・想做的事・夢想・問題

動機・人生

Q 232

若是無法待在台灣，你要去什麼地方？

例）紐西蘭、新加坡、美國

Q 233

到什麼地方能重新展開你的人生？

例）夏威夷、老家、與現在不一樣的公司

Q 234

就算只有一次、也希望可以去看看的地方？

例）最接近天國的島嶼、能看見極光的地方、迪斯可舞廳、外太空、未來

MEMO

interest

容易誤解的八件事

看似少其實很多的是機會
看似寬廣其實狹窄的是視野
看似謙卑其實高傲的是心態
看似淵博其實淺薄的是知識
看似很淡其實很濃的是化妝
看似嚴厲其實寬容的是自我評價
看似太快其實太慢的是抉擇
看似漫長其實短暫的是人生
避免因為誤解
以致迷失自我

Q 235

很想再去一次看看的地方？

例）新加坡、烏尤尼鹽湖、屋久島、鎌倉

Q 236

若是能飛，你現在立刻想去的地方？

例）北海道、沖繩、能享受美食的店、海邊

Q 237

你希望能降價的東西？

例）健身房費用、串燒、蘋果、草莓

MEMO

你現在所在的地方並非全世界
世界比你所想像的
更加廣闊
不要只是想著做不到
想一想該怎麼樣才做得到

Q 238

你認為「劃時代」的商品或服務是什麼？

例）筋膜槍、冷凍技凍、二手制服再利用

Q 239

能夠讓你欣然掏腰包的服務？

例）消除腰痛、自動生成影片的程式、三溫暖

Q 240

你認為之後會流行什麼？

例）短影片、AI、素食肉

MEMO

interest

幻想

能忘記討厭的事情
面對自己的理想
描繪幸福的場景
不需要在意別人
進入自己的世界
成為明天的活力
即使現實並非如此
只要感覺到幸福
這就夠了
幻想得越多
人生就越有趣

Q 241

你覺得「要是真有這種事就太好了」的事情？

例）完美的英語自動翻譯、自動配送、完全治好癌症的藥物

Q 242

你會推薦給周圍的人什麼？

例）筋膜槍、一個人旅行、觀葉植物、韓劇《愛的迫降》

Q 243

你曾因三分鐘熱度而中途放棄的事情？

例）每天看電影、用英文發推、跑步

MEMO

interest

當事情不順利時
就是開始
嘗試新事物的機會

Q 244

很想吃一次看看的東西是什麼？

例）高級甜點、大胃王節目裡的料理、預約爆滿的燒肉店的肉

Q 245

很做一次看看的事情是什麼？

例）高空跳傘、環遊世界一周、留學、青年海外志工、結婚

Q 246

如果有一年的休假，你會想做什麼？

例）製作繪本、練習把字寫漂亮、留學、健身、每天看電影

MEMO

interest

如果想成長
就不能永遠
停留在同一個地方

Q 247

如果你有能夠隨便花的三十萬元，會拿來做什麼？

例）和大家一起享用好吃的肉、搬家、捐款給公益團體、大肆採購

Q 248

如果全世界只剩你一個人，你要做什麼？

例）盡情享受大自然、躺在路邊仰望天空、裸體走來走去

Q 249

你現在最在意的事情是什麼？

例）副業、慢性疼痛、能結婚嗎、兒女的未來

MEMO

interest

人生
取決於
身處何處
與誰來往
做出什麼樣的選擇

Q 250

十年後會很開心的事情？

例）達到 FIRE 目標、孩子的成長、孩子二十歲的成年禮、瘦了的自己、還清貸款

Q 251

你想見到的人？

例）優秀的商業夥伴、創作歌手、命中注定的人

Q 252

你渴望但用錢買不到的東西？

例）愛、自信、粉絲、周遭的評價

MEMO

interest

真正必要的人
會在必要的時機
相遇

Q 253

現在就很想要得到的東西？

例）知名度、寫作能力、機智靈敏、體力、六塊肌

Q 254

你認為哪些事情是「錯誤的」？

例）邊走邊滑手機、戰爭、在社群媒體誹謗中傷他人、以為分手人生就完了的想法

Q 255

哪些事情是你「希望更多人了解」的？

例）正確丟棄保特瓶的方式、每個人都有機會、我的真實感受

MEMO

interest

人可以改變
只要有想改變的心情
人可以變得幸福
只要不是只考慮到自己
人可以變得豐富
只要不忘記心存感恩

Q 256

你認為一百年後會變成什麼樣的時代（社會）？

例）不使用現金、生活中有更多機器人、汽車自動駕駛成為日常、外星人出現

Q 257

如果你成為總理，你想要做什麼？

例）減稅、把結婚紀念日訂為假日、實施週休三日、將動物收容改為零撲殺

Q 258

你希望哪些事物可以永遠保持現狀、不要改變？

例）和平、為他人著想、好管閒事的阿姨、家人的健康、皮膚有光澤、日本的四季分明

MEMO

interest

不需要急著
找出答案
只要是自己能理解認同
滿意的答案就可以了

Q 259

現今的社會應改變什麼？

例）不信任的心態、沉迷社交網路、工作方式、認真的人吃虧、幼教人員的薪資

Q 260

為了台灣，你能做什麼？

例）不亂丟垃圾、教養子女、參與選舉、購買國產物品

Q 261

為了地球，你能做什麼？

例）垃圾減量、減少食物浪費、重視物品的使用

MEMO

透過與人相遇
人生因此而改變
透過努力
可以轉化為成功之路
透過相信
未來也能夠改變

Q 262

童年時，你的夢想職業是什麼呢？

例）註冊會計師、音樂製作人、老師

Q 263

比你先走在前端的人？

例）某個朋友、正在創立自有品牌的人

Q 264

如果沒有金錢上的壓力，你會做什麼？

例）打網球、觀看世界所有的戲劇、寫作

MEMO

desires

失敗不足為懼
最該畏懼的是
因為害怕失敗
所以什麼都不做

Q 265

如果比現在年輕的話，你會做什麼？

例）練習網球、學外語、享受青春、更常旅行、更常與父母交談、留學

Q 266

如果你是天才，你想做什麼？

例）寫小說、製作樂曲、發明能夠分類垃圾的機器

Q 267

你正在忍耐的事情？

例）工作、不吃碳水化合物、婚姻生活、主管的命令

MEMO

desires

停止
只用腦袋思考
聆聽
內心的渴望

Q 268

因為沒做而後悔的事情？

例）上門推銷、牙齒保健、用功、向喜歡的人告白、淡斑措施、減肥

Q 269

你希望周圍的人做到什麼事？

例）認同我、不浪費時間和精力在無意義的事情、垃圾分類

Q 270

你缺乏什麼呢？

例）詞彙量、不說多餘的話、與人相處的技巧、能坦率地表現自己

MEMO

desires

等待就好

怎麼做都覺得疲倦時
一個人就好
再怎麼勉強努力
也只會感到更加疲倦
現在不要焦急
只要活著
就有機會
為了在時機來臨能立刻採取行動
先做現在能做的事
然後等待就好

Q 271

如果要做些傻事，那會是什麼？

例）出門旅行、追求成為職業運動選手的目標、辭職到偏鄉工作

Q 272

如果有分身，你會要他做什麼？

例）現在的工作、行政工作、煮飯打掃

Q 273

即使周圍的人反對，還是想做的事？

例）環遊世界一周、和現在的交往對象結婚、追求夢想、瘋狂購物

MEMO

desires

即使努力

再怎麼努力
也未必能獲得第一名
再怎麼努力
也未必能實現夢想
有些東西就是無法獲得
有些事就是無法如願
即使如此你依然喜歡追求夢想的自己
只要每天都開心自在
就不妨堅持下去
直到自己滿意為止

Q 274

如果繼續維持現況會令你後悔的是？

例）沒有結婚、輕忽牙齒保健、沒有辭去現在的工作

Q 275

一年後你會開始做的事情？

例）剪輯影片、認識新朋友、經營沙龍、為退休後的家庭菜園做準備、破鏡重圓

Q 276

只有現在的自己能做到的事？

例）書寫文章、注意健康、養育兒女

MEMO

desires

謝謝

不論任何痛苦
都能因而得到拯救的一句話
任何煩惱
都能因而忘懷的一句話
任何痛苦
都能因而舒緩的一句話
那就是「謝謝」

Q 277

你希望能當機立斷的事情？

例）和誰一起工作、告白、與目前戀愛對象的關係

Q 278

為了將來、現在正在做的事情？

例）經營社群媒體、訓練說話的邏輯、學英文

Q 279

不做也可以的事情？

例）核對瑣碎的細節、回到家還在想工作的事

MEMO

desires

當時的自己
曾經想做卻沒做的事
現在去做就對了
能夠阻止你的
唯有你自己

Q 280

以隨隨便便的心態在做的事情？

例）伸展運動、打掃、下廚

Q 281

最想避免的未來？

例）不良於行、和現在的戀愛對象分手、沒辦法結婚

Q 282

你從未嘗試過的事情？

例）關心他人的感受、捐款、負債、投資信託、抽菸、認真減肥、規劃自己的生活

MEMO

desires

還是會幸福

即使沒考上前三志願
即使沒有獲得心儀對象的青睞
即使沒有進入理想的公司
即使夢想沒有實現
人生不會只因一件事情就結束
即使失敗也並非不幸
有些人只是沒有注意到所擁有的幸福
不需懊悔沒有選擇的道路
沒有所謂正確的道路
只需積極向前
即使不是理想中的未來
仍有幸福

Q 283

你希望留給未來的是什麼？

例）和平的世界、孩子能安心生活的地球、故鄉、手寫文化、傳統

Q 284

若是重啟人生，想做什麼？

例）籃球、同樣要當現在父母的小孩、變成小鳥在天空飛翔、移居海外

Q 285

你願意付出一生來實現的事情？

例）重視珍愛的人、過快樂的生活、幫助摯愛的人實現夢想

MEMO

不論多麼艱難
或者可能性有多低
在你嫌麻煩以前
試著先做看看
接著再思考

Q 286

你的夢想（目標）是什麼？

例）①出版書籍達成累計銷售一百萬冊　②取得金牌

Q 287

上述夢想實現的可能性占了百分之幾？

例）① 60%　② 10%

Q 288

你知道什麼時刻就是夢想實現的時候？

例）①賣出一百萬冊　②站在頒獎台時

MEMO

dreams

為了實現夢想

單憑喜好有時不足以堅持下去
有時候因為日常的繁忙
會迷失自我
有時因為遇到現實的界限
而失去自信
即使如此還是不能停下腳步
相信每天都有夢想成真的瞬間
並說給身邊的人聽
不論旁人怎麼說
都不需要放在心上
聆聽內心的聲音去行動就好
你可以更享受生活
不需要害怕失敗而迷失目標
堅持到最後的人才能夢想成真

Q 289

若是夢想成真，能為你帶來什麼？

例）①餘裕　②喜悅

Q 290

當夢想成真，你全身會有什麼感覺？

例）①發熱　②喜悅

Q 291

若是夢想成真，你要對你自己說什麼？

例）①你做到了　②太棒了

MEMO

dreams

不要貿然下定論

不論到了幾歲都存在著可能性
所以不要貿然對自己下定論
什麼都還沒開始
永遠不嫌太遲
有沒有才能無關緊要
是否能做到也沒關係
重要的是你是否想做
想追求什麼
以什麼為目標才最重要
你想怎麼樣過生活
想要做什麼樣的自己
這些都是由你自己決定
繼續追求夢想

Q 292

為了實現夢想，必要的是什麼？

例）①繼續出版書籍　②繼續相信自己

Q 293

為了實現夢想，需要多少時間？

例）①十年　②四年

Q 294

為了實現夢想，能持續的事情？

例）①更新社群媒體　②練習

MEMO

dreams

現在就去做

比起究竟適合
或不適合
更重要的是你衷心喜歡嗎
問題不在能不能努力
而是在不勉強的情況下持續下去
重要的不是其他人有什麼想法
而是你自己想做什麼
重要的不是做不做得到
而是你想不想達成
只要有想做的事
現在去做就對了

Q 295

為了實現夢想，要毅然決然採取的行動是什麼？

例）①辭職　②換教練

Q 296

反過來說，無法實現夢想的理由會是什麼？

例）①不專注　②受傷

Q 297

一定要實現夢想的原因是？

例）①能幫助更多的人　②人生只有一次

MEMO

如果把回應他人的期待
視作優先
就會搞不清
什麼才是想做的事情

Q 298

為了實現夢想，最有幫助的事情？

例）①提高專注力　②有成效的練習

Q 299

為了實現夢想，你希望誰能提供協助？

例）①編輯、網紅　②能照顧我身體的助手

Q 300

為了比現在加快數倍的速度實現夢想，必須怎麼做？

例）①不做其他事情　②增加比目前更多的練習量

MEMO

dreams

做到最好

對於能堅持努力到現在的事
你要引以為傲
相信自己
曾經付出的努力
不論任何情況下
都能全力以赴的人
榮耀就會到來

Q 301

如果遇到阻礙，你要怎麼去克服？

例）①進行各種嘗試　②先從做得到的事情開始著手

Q 302

若是無法實現夢想，會怎麼樣？

例）①以往的時間都白費了　②尋找新的道路

Q 303

關於夢想，你尚未思考的事情是？

例）①找協力廠商　②實現夢想後的未來

MEMO

dreams

事與願違

總是輸給別人無法成為第一名
總是無法得到心儀的人青睞
雖然很努力卻總是無法得到認同
有時不明白為了什麼而活著
人生總有事與願違的時候
即使如此依然要繼續活下去——這就是人生
停止或放棄的理由
總是找得出來
即使眼前漆黑無光、即使腳步緩慢
繼續前進的人就能看見光透進來
什麼都還沒開始
還有太多太多能做的事
隨時都能接受現實且徹底做好準備的人
就會迎來燦爛的未來

Q 304

你的小小夢想是什麼？

例）養貓、希望狗狗能親近我、開一家店

Q 305

想支持身邊的人什麼樣的夢想？

例）流浪貓、狗零撲殺、成為職業棒球選手

Q 306

你希望一生持續追求的夢想是什麼？

例）名字能出現在教科書上、和喜歡的人在喜歡的地方做喜歡的事

MEMO

dreams

即使夢想無法達成
朝向夢想所跨出的一步
也有它的價值

Q 307

若是只能達成一個願望？

例）身體健康、孩子的病能痊癒、變成有錢人

Q 308

你期待發生的奇蹟？

例）能在電視上受到關注、恢復青春、和去世的父母再見一面、沒有戰爭

Q 309

怎麼做才能實現夢想呢？

例）專注眼前的事情、取得專業證照、持續相信自己的潛力

MEMO

dreams

即使沒有夢想
也可以繼續活下去
但擁有夢想
人生會更快樂

Q 310

有什麼事無法依照你的預期進展呢？

例）擬定商業計畫

Q 311

你的問題持續了多久？

例）三個月

Q 312

問題變嚴重的因素是什麼？

例）沒有充分交流想法及概念、合夥人的態度

MEMO

problems

不會是永遠

雖然會有煎熬
但不會是永遠
雖然會有悲傷
但不會是永遠
上坡與下坡的數量
永遠相同
所以若現在是谷底
接下來就只剩上坡路了

Q 313

為了讓問題化小，該怎麼做才好？

例）提供範例、自己想出解決方案

Q 314

最糟的情況發生時，會變怎樣？

例）無法工作

Q 315

若是要大幅改善問題，該怎麼做才好？

例）增加團隊成員

MEMO

problems

再怎麼後悔莫及
也無法改變現實
只需釐清問題
一一解決
就好了

Q 316

再怎麼想也無法解決的事情？

例）對方的能力

Q 317

還沒辦法顧及的事情？

例）尋找其他合作夥伴、放棄現在的方案

Q 318

為了解決問題，現在應該做的事情？

例）思考所有可能的選項、冷靜與對方溝通

MEMO

problems

人生最糟的事
不是錯失機會
而是怪罪給旁人
不去面對自己

Q 319

能帶給你力量的思維？

例）只要有心便能成事、上天不會給予無法克服的試煉

Q 320

什麼話語能讓你保持正向思考？

例）只要有心便能成事、船到橋頭自然直、順其自然、新的阻礙是你成長的見證

Q 321

能讓你振奮的歌曲？

例）Def Tech《My Way》、Mr. Children《無盡的旅程》、柚子《光榮之橋》

MEMO

並不是
必須發生某些事情
才能幸福
現在已經足夠幸福了

Q 322

什麼事情能讓你立刻轉換心情？

例）跑步、睡覺、看喜愛的連續劇

Q 323

短時間就能讓你感到開心的事情？

例）電影、喝咖啡、和朋友聊天、和貓玩、YouTube

Q 324

什麼事情能夠激勵你前進？

例）熱情、愛情和甜點、孩子的成長活躍、感動的事情、目標

MEMO

motivation

讓心情愉快

即使只有一瞬間也想讓心情變好
就盡量保持微笑
即使只有一天也想讓心情變好
試著改變髮型或服裝
若是希望整個星期心情都好
去做你一直想做的事情
若是希望每天都有好心情
就改變以往的思考方式

Q 325

沒有幹勁時你會做什麼？

例）睡覺、大叫、什麼都不做、總之試著做做看

Q 326

為了拿出最佳表現，你會做什麼？

例）相信自己、做準備、好好睡覺

Q 327

要怎麼樣才能更喜歡自己？

例）做出成績、做出不輸給任何人的事情、照鏡子讚美自己、承認自己做不到的事情

MEMO

motivation

接納自己沒有動力的時刻
即使休息
即使什麼都不做
即使沒做出任何決定
也沒關係

Q 328

能夠改變你想法的人是誰？

例）自己、子女、某位好友

Q 329

與過去相較，現在做得更好的事情？

例）能更仔細溝通、不與人衝突、自己煮飯的次數增加

Q 330

為了避免後悔，現在想做的事？

例）在社群媒體發文、不錯過子女的成長、每天寫日記

MEMO

如果對方欠缺某些東西
不要責備
自己去做就行了
因為對方擁有
自己所欠缺的東西
只要善加利用就行

Q 331

為了有一個好的開始，需要的事情是？

例）重新檢視規則、辭職、打掃房屋

Q 332

每天能夠持續的事情是？

例）吃青菜、伸展運動、看連續劇

Q 333

你現在想要努力的事情？

例）社群媒體、不要努力過度、多說「謝謝」勝於「對不起」、努力取得證照

MEMO

motivation

即使是任何人都做得到的事
即使不是令人耳目一新的事
只要持續去做就對了
正因為持之以恆
才能看到另一個世界

Q 334

如果有十分鐘，你能做什麼？

例）錄影片、小睡片刻、伸展操、打掃

Q 335

如果有一小時，你能做什麼？

例）跑步、肌力訓練、看連續劇

Q 336

今天非做不可的事情？

例）擬定今後的計畫、打掃房間、肌力訓練

MEMO

motivation

比任何人更勝一籌

是因為運氣好
還是因為實力強
沒有人知道
無所畏懼比任何人
都更早跨出一步
不在意他人想法
持續付出更多行動
即使事與願違
也比任何人都更有自信
就能成功

Q 337

舉出人生中五件重要的事物？

例）金錢、勇氣、家族、感謝、家

Q 338

如果要為你的人生下一個標題？

例）不放棄、行動能量點、驚滔駭浪、永遠全力以赴、雲霄飛車

Q 339

享受人生的訣竅？

例）嘗試去享受、培養能全心投入的興趣、想到就立刻行動、不要想太多

MEMO

人生的品質
即使沒有什麼
劇烈的改變
只要懂得感謝
就能讓它提升

Q 340

你在過往的人生中獲得了什麼？

例）機會、無償的愛、孩子、許許多多的幸福、容身之處

Q 341

人生中必要的事物？

例）勇氣、金錢、平常心、自信

Q 342

你在人生中所學到最重要的事物？

例）著急百害無一利、痛苦的經驗成為一輩子的支柱、任何事情都比不上健康

MEMO

要怎麼過生活？知道答案的人是最強大的

Q 343

你正在做什麼來投資自己？

例）閱讀、吃健康的食物、到職業學校進修

Q 344

想珍惜一輩子的事物？

例）不放棄、友情、自己的可能性、自己

Q 345

如果改變對事物的看法，會怎麼樣？

例）會變得更有趣、壓力會減輕、會有協力者出現

MEMO

life

改變口頭禪
周遭就會改變
周遭改變了
看法就會改變
看法改變了
思維就會改變

Q 346

想變成什麼樣的人？

例）內心更從容的人、讓人想再見第二面、不論年紀多大都很耀眼

Q 347

為了成為理想中的自己，最大的問題是什麼？

例）遇到挫折無法前進、膽怯、脆弱的心靈

Q 348

為了增加經驗能做到的事？

例）外出、每天看電影、看書

MEMO

life

生命的意義

為了找到幸福並感受幸福
為了陪伴重要的人
為了守護他們
為了帶給某個人幸福
為了看到他們的笑容
人生的意義因人而異
為了某個人而活著也好
為了自己而活著也好
即使不清楚生命的意義也無妨
有些事活了一輩子都找不到
如果那麼煩惱不如不去想它
盡情活在當下
感謝能夠活著的事實
為了與明天的自己相遇
今天也要繼續好好活下去

Q 349

如果是最佳版本的自己，之後會怎麼生活？

例）做可以做到的事、離開目前的環境

Q 350

為了立刻改變人生，你會做什麼？

例）搬家、辭職、喜歡自己、看書

Q 351

如果照自己的意願過一生，會變怎樣？

例）變得幸福、變得無聊、能夠體貼他人、沒有遺憾

MEMO

life

請做出改變

如果想比現在更受人喜愛一些
請改變你的穿著
想比現在更受人喜愛
請改變你的髮型
想比現在更加受人喜愛
請改變你的內涵
魅力需要日積月累
希望受人喜愛
就要多花一點時間

Q 352

讓自己幸福的方法？

例）懂得滿足現狀、無論如何先行動起來、把注意力放在做得到的事、心懷夢想採取行動

Q 353

該怎麼做才能幸福呢？

例）和孩子玩耍、活在當下比昨天更開心生活、追求喜歡的事情、讓身邊的人幸福

Q 354

你想要什麼樣的人生呢？

例）沒有遺憾、與很多人相遇、帶給許多人快樂、能心滿意足地離開人世

MEMO

life

並非全貌

活著有許多麻煩
煎熬的事情也很多
因為活著所以痛苦
因為活著所以悲傷
即使如此仍要活下去
世界比你想像中更廣闊
未來比你想像中更長遠
即使遇到困境也不要著急
只要活著
下次機會總會來臨
無論如何都覺得難熬時
就先離開那個地方
改變看得到的聽得到的
改變一切
你現在所在的地方並非全世界

Q 355

為了度過美好人生，你要住在哪裡？

例）東京、國外、自然景色優美的地方

Q 356

為了度過美好人生，你想和誰在一起？

例）家人、某個重要的人、孩子

Q 357

為了度過美好人生，你要做什麼？

例）發現小確幸、尋找喜愛的事物、建立致富的途徑

MEMO

life

選擇的對象

不論變得多討厭對方
那是你曾選擇的人
即使已經不知道喜歡對方哪一點
那是你曾選擇的人
即使你遭到好幾次背叛
那是你曾選擇的人
不要歸咎於他人
不要抱怨
如果有人向你伸出援手
這次千萬不要放手

Q 358

你現在欠缺的東西？

例）自信、餘裕、安心、熱中的事物

Q 359

要過最棒的人生，需要的是？

例）挑戰、金錢、勇氣、開心的事、能由衷露出笑容的事、鈍感力、最佳夥伴

Q 360

要怎麼做人生才能變得更好？

例）避免浪費、只思考想做的事、不在意周遭評價

MEMO

life

先設好
自己離去的日子
就能減少執著
變得輕鬆

Q 361

能貫徹一輩子的事物？

例）努力、對孩子的愛、僅僅一個謊言、每天寫日記、對咖哩的熱愛

Q 362

現在所做的事情中最重要的是？

例）帶狗散步、和孩子共度的時間、早點睡覺、每晚運動

Q 363

你希望如何結束自己的一生？

例）直到最後都保有記憶、做喜歡的事情

MEMO

life

最後一天

人生的最後一天
能以幸福的心情迎接
需要先做哪些準備
直到生命結束的那一天
為了身邊的人所做的事
繞了一圈回來其實是為了自己
有夢想
有支持你的人
擁有自己能決定的自由
你的人生就能閃耀燦爛到最後一刻

Q 364

今後你應該要做什麼？

例）盡可能不要覺得挫折、讓身體保持柔軟度、不要著急地行動、不要嫉妒

Q 365

明年的你給現在的你一句話？

例）專注眼前的事、不要被瑣事攪亂心情、不要怪罪旁人

Q 366

問什麼樣的問題能讓人生變好？

例）「真正想做的事？」「今天學了什麼？」「現在什麼事令你感到幸福？」

MEMO

不論你走過
什麼樣的人生
當你找到生存意義時
就能在轉瞬間
讓人生發熱發光

富能量 076

你喜歡現在的自己嗎？

不再懷疑自我、討好別人，終結內耗的心態養成練習

作　　者：田口久人
譯　　者：卓惠娟
責任編輯：賴秉薇
封面繪圖：宮下和
封面設計：比比司設計
內文設計、排版：王氏研創藝術有限公司

總 編 輯：林麗文
副總編輯：梁淑玲、黃佳燕
主　　編：高佩琳、賴秉薇、蕭歆儀
行銷總監：祝子慧
行銷企畫：林彥伶、朱妍靜

出　　版：幸福文化／遠足文化事業股份有限公司
地　　址：231 新北市新店區民權路 108-3 號 8 樓
網　　址：https://www.facebook.com/happinessbookrep/
電　　話：（02）2218-1417
傳　　真：（02）2218-8057

發　　行：遠足文化事業股份有限公司（讀書共和國出版集團）
地　　址：231 新北市新店區民權路 108-2 號 9 樓
電　　話：（02）2218-1417
傳　　真：（02）2218-8057
電　　郵：service@bookrep.com.tw
郵撥帳號：19504465
客服電話：0800-221-029
網　　址：www.bookrep.com.tw

法律顧問：華洋法律事務所　蘇文生律師
印　　刷：東豪印刷事業有限公司
電　　話：（02）8954-1275
初版一刷：2023 年 9 月
初版三刷：2024 年 6 月
定　　價：399 元

你喜歡現在的自己嗎？：不再懷疑自我、討好別人，終結內耗的心態養成練習 / 田口久人著；卓惠娟翻譯 . -- 初版 . -- 新北市：幸福文化出版：遠足文化事業股份有限公司發行 , 2023.09
面；　公分
ISBN 978-626-7311-57-8(平裝)
1.CST: 自我肯定 2.CST: 自我實現
177.2　　　　112013089